ORIGAMI
LEICHT GEMACHT

ORLANE MULLIEZ

ORIGAMI
LEICHT GEMACHT

ABWECHSLUNGSREICHE
UND LUSTIGE FALTIDEEN
FÜR KINDER

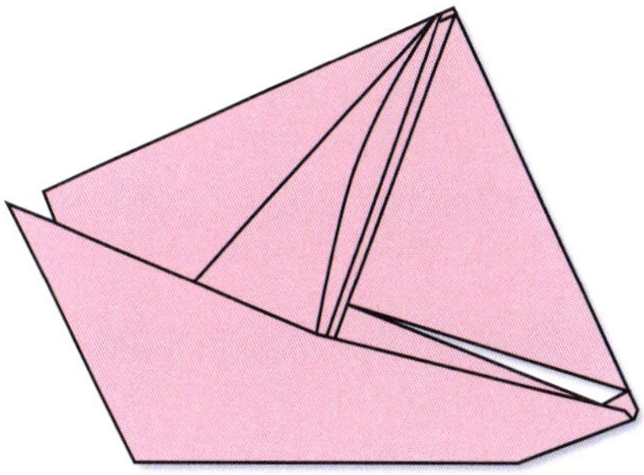

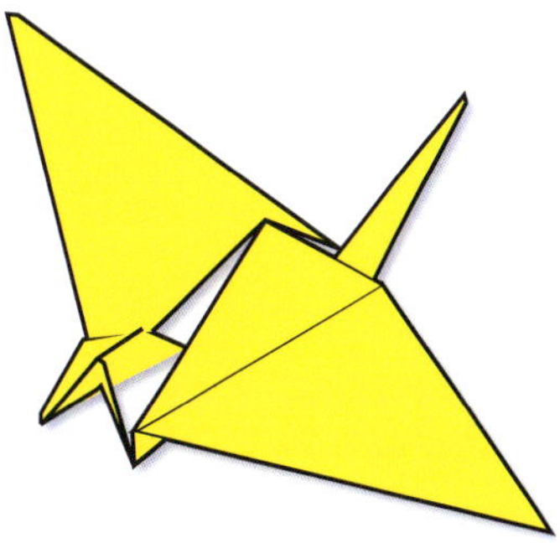

Inhalt

Material

ORIGAMI-PAPIER, 80 G:
- EINFARBIG
- ZWEIFARBIG
- GEMUSTERT

ES GIBT BASTELBLÖCKE MIT VORGESCHNITTENEN FALTBLÄTTERN ZU 7,5 x 7,5 CM, 12 x 12 CM ODER 15 x 15 CM.

ZUBEHÖR (WACKELAUGEN, AUFKLEBER, GARN ...)
SCHERE
AUSSERDEM:
• LINEAL
• KLEBER

Techniken

EIN PAAR TIPPS VORAB

ORIGAMI IST EIN PREISWERTES HOBBY, KREATIV UND LEHRREICH UND EIN RIESENSPASS FÜR GROSS UND KLEIN!

MAN BENÖTIGT EINE MISCHUNG AUS FINGERSPITZENGEFÜHL, FANTASIE, GEDULD, KONZENTRATIONSFÄHIGKEIT UND EIN GESPÜR FÜR GEOMETRIE UND MATHEMATIK.

ES EMPFIEHLT SICH, MIT DEN EINFACHSTEN MODELLEN (GEKENNZEICHNET MIT EINEM EINZELNEN STERNSYMBOL) ZU BEGINNEN. LIES ZUERST DIE ANLEITUNG VOLLSTÄNDIG DURCH, UM DEN GANZEN ABLAUF KENNENZULERNEN.

JEDES MODELL BESTEHT AUS EINER ABFOLGE VON FALTSCHRITTEN, DIE BEI EINIGEN MODELLEN AUCH IDENTISCH SEIN KÖNNEN.

ES IST WICHTIG, BEI JEDEM SCHRITT SORGFÄLTIG UND PRÄZISE ZU ARBEITEN. SOLLTE ES AN EINER KNIFFELIGEN STELLE MAL HAKEN, LEG DAS MODELL AM BESTEN ZUR SEITE UND MACH AM NÄCHSTEN TAG DA WEITER, WO DU AUFGEHÖRT HAST – DANN GELINGT ES BESTIMMT!

VERWENDE ZUM ÜBEN LIEBER ALTPAPIER, STATT HOCHWERTIGES ORIGAMI-PAPIER MIT UNGEWÖHNLICHEN STRUKTUREN UND SCHÖNEN FARBEN ZU VERSCHWENDEN. LEG DIR DAS MATERIAL IM VORFELD AN EINEM GEEIGNETEN, RUHIGEN ARBEITSPLATZ BEREIT – ORIGAMI SOLLTE GLEICHBEDEUTEND MIT ENTSPANNUNG SEIN.

UND KEINE ANGST: FÜR DIE KLEINEN WUNDERWERKE AUS PAPIER BENÖTIGT MAN KEIN SPEZIFISCHES ORIGAMI-GEN. ÜBUNG MACHT AUCH HIER DEN MEISTER! DU WIRST SEHR SCHNELL FORTSCHRITTE MACHEN.

VIEL SPASS DABEI!

ORLANE MULLIEZ

Glossar

WINKELHALBIERENDE
EINE FALTLINIE, DIE EINEN WINKEL ZU EINEM GLEICHSCHENKELIGEN DREIECK FORMT.

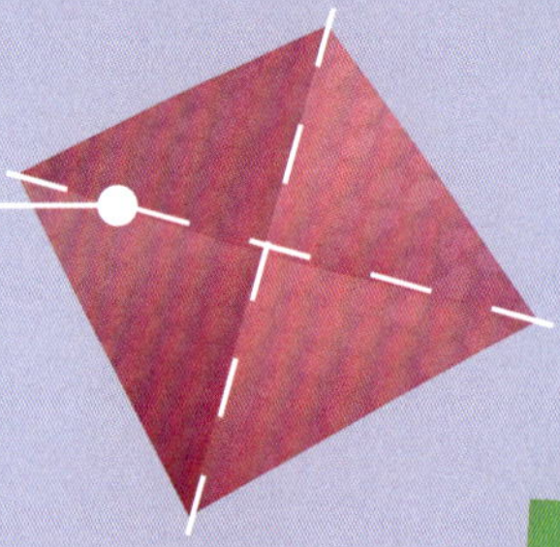

DIAGONALFALTE
EINE FALTLINIE, DIE ENTGEGEN-GESETZT LIEGENDE ECKEN MITEINANDER VERBINDET.

TALFALTE
EINE HORIZONTALE LINIE VON LINKS NACH RECHTS. DAS GEGENTEIL IST DIE BERGFALTE.

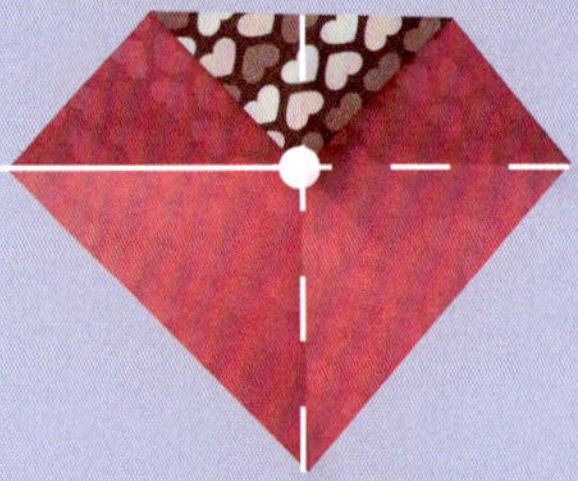

SCHNITTPUNKT
DIE STELLE, WO SICH ZWEI MITTELSENKRECHTE KREUZEN.

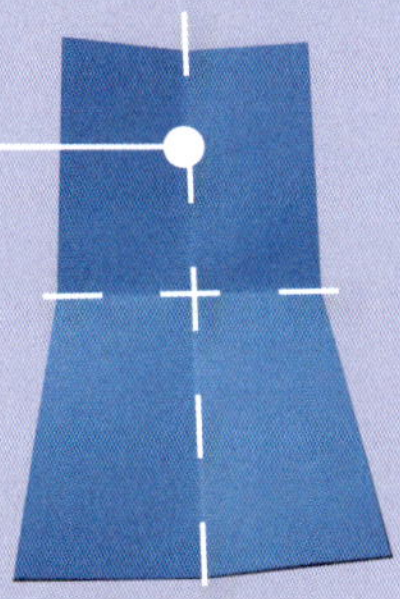

MITTEL(FALT)LINIE
EINE LINIE, DIE ENTWEDER ZWEI ENTGEGENGESETZTE SEITEN RECHTWINKELIG ODER EIN DREIECK AM SCHEITELPUNKT MITTIG TEILT.

SCHRÄGFALTE
WEDER VERTIKAL NOCH HORIZONTAL: EINE SCHRÄGFALTE IST EINE DIAGONALE FALTLINIE.

MITTELSENKRECHTE
SIE BILDET EINEN RECHTEN WINKEL UND IST DAS GEGENTEIL DER MITTELPARALLELE.

PROPORTIONAL
DIE GRÖSSENVERHÄLTNISSE SIND AUSGEGLICHEN.

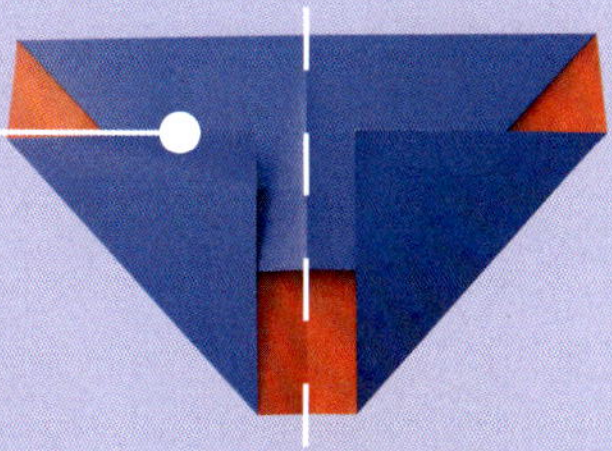

SYMMETRISCHE FORM
DIE VERBINDUNG ZWISCHEN ZWEI ELEMENTEN MIT GLEICHER POSITION UND FORM ZU BEIDEN SEITEN EINER MITTELLINIE.

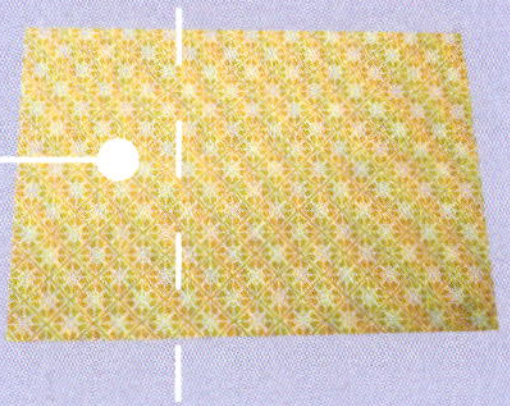

DRITTEL
JEDER TEIL EINER GLEICHMÄSSIGEN DRITTELUNG.

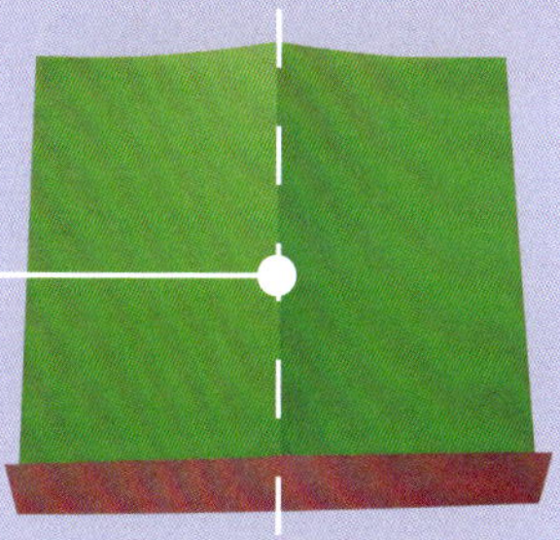

BERGFALTE
EINE VERTIKALE LINIE, DIE VON OBEN NACH UNTEN VERLÄUFT. DAS GEGENTEIL IST DIE TALFALTE.

Ohne Maske

Einfach ✱✱✱

2 Minuten

Im Mittelalter trugen Ritter beim Turnier zu ihrem Schutz einen Kampfhelm. Bei aufgeklapptem Visier sprach man von einem „Duell ohne Maske“. Das Fallen der Masken bedeutet heute im übertragenen Sinn Freimütigkeit und Ehrlichkeit.

MATERIAL

Ein 15 x 15 cm großes Quadrat, zweifarbig

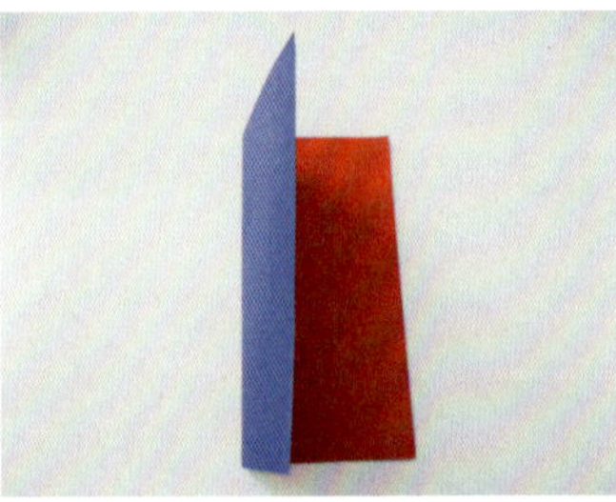

1 NIMM DAS BLATT UND LEGE ES MIT DER FARBE, DIE DAS GESICHT HABEN SOLL, NACH UNTEN. MITTIG FALTEN UND ENTFALTEN.

2 FALTE DIE ZWEI OBEREN ECKEN WIE AUF DER ABBILDUNG **SYMMETRISCH** NACH VORNE.

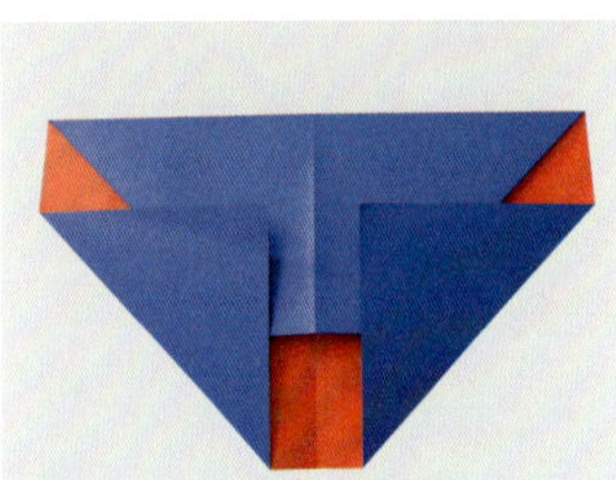

3 KLAPPE DEN OBEREN TEIL NACH UNTEN UM, DANN FALTE DIE BEIDEN UNTEREN ECKEN WIE IN SCHRITT 2 **SYMMETRISCH** NACH OBEN.

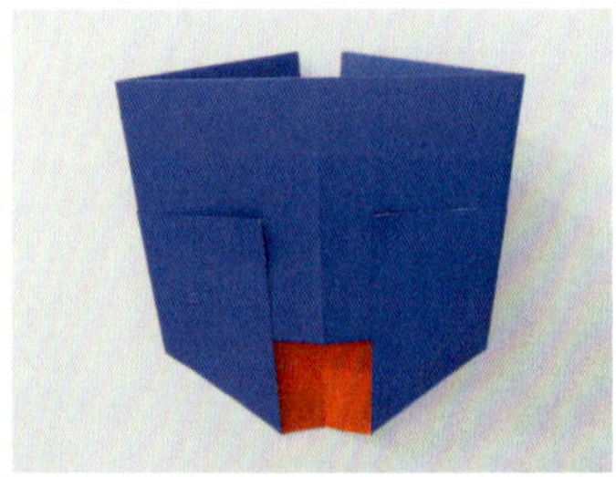

4 FALTE DIE RECHTE UND LINKE SEITE ENTLANG ZUR **MITTELLINIE** NACH HINTEN.

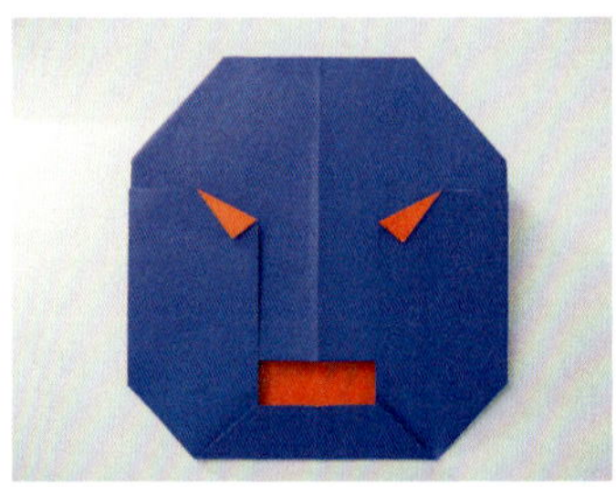

5 FALTE DEN UNTEREN RAND NACH OBEN, UM DEN MUND ZU FORMEN, UND GIB DEN AUGEN MIT **SCHRÄGFALTEN** GESTALT, INDEM DU LINKS UND RECHTS DIE ECKEN UMSCHLÄGST. ZUM SCHLUSS DIE ECKEN OBEN NACH HINTEN UMKLAPPEN, UM DIE SCHLÄFEN ABZURUNDEN.

Durch Abändern einer Faltstelle in den Schritten 2, 3, 4 und 5 und weitere Faltungen nach Lust und Laune kannst du verschiedenste Persönlichkeiten erhalten. Die Gesichter fallen jedes Mal anders aus, weil die Faltungen keinem strengen Raster folgen.

Viele Hüte aufhaben

Mittel ✱✱✱
6 Minuten

Diese Redensart ist eine Anspielung auf Kopfbedeckungen, die sich je nach Aufgabe unterscheiden. Jede entspricht einer anderen Funktion, d. h., wer viele Hüte aufhat, besetzt mehrere Rollen bzw. hat viel zu verantworten.

MATERIAL

Ein mindestens 6 x 15 cm großes Rechteck, einfarbig

1 FALTE AUF DER RECHTEN SEITE DES RECHTECKS ZWEI **DIAGONALEN**.

2 DREHE DAS RECHTECK EINE VIERTELDREHUNG NACH LINKS. PRESSE ES VON OBEN ENTLANG DER FALTEN ZU EINEM DREIECK PLATT.

3 SCHLAGE DIE OBERE RECHTE DREIECKSSEITE NACH LINKS UM. FALTE DIE RECHTE RECHTECKSSEITE ZUR **MITTELLINIE** DES DREIECKS.

4 FALTE DIE LINKE SEITE DES RECHTECKS AUF DIE GLEICHE ART.

5 FALTE BEIDE SEITEN DES RECHTECKS NACH HINTEN.

6 FALTE BEIDE SPITZEN DER DREIECKSBASIS ZUR **MITTELLINIE**, UM DIE HINTERSEITE DER SCHIRMMÜTZE ZU FORMEN. FIXIERE DIE ZWEI SPITZEN MIT ETWAS KLEBER.

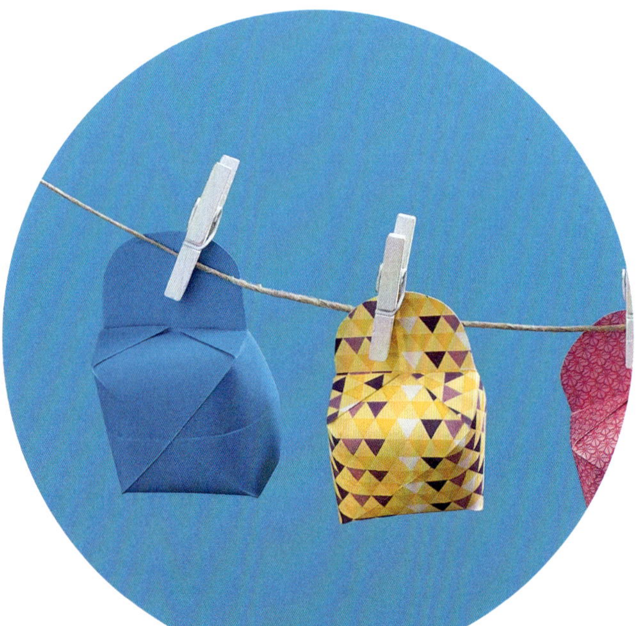

7 WENDE DAS MODELL UND FALTE DAS UNTERE RECHTECK ÜBER DIE DREIECKSBASIS.

10 SCHNEIDE ZUM SCHLUSS DEN SCHIRM GLEICHMÄSSIG ABGERUNDET AUS UND ACHTE DABEI DARAUF, DASS SCHIRM UND HUTMASS (KOPFUMFANG) **PROPORTIONAL** STIMMIG SIND.

8 WENDE DAS MODELL ERNEUT UND BRINGE DIE MÜTZE VON INNEN HER MIT DEINEM FINGER IN FORM.

9 SCHNEIDE AM HUTRAND DEN SCHIRM EIN UND KLAPPE DIE SEITEN NACH HINTEN. GIB EINEN TUPFER KLEBER AUF DIE LASCHEN, UM DIESE VORNE UND HINTEN ZU FIXIEREN.

Hut ab!

Einfach ✱ ✱ ✱

3 Minuten

Dieser Ausdruck hat seinen Ursprung in einem unserer Höflichkeitsgebaren, wonach Männer zur Respekterweisung den Hut ziehen, wenn es die Situation erfordert. Heute verwendet man die Redewendung als Zeichen der Bewunderung für eine tolle Leistung.

MATERIAL

Ein 15 x 15 cm großes Quadrat, zweifarbig

1 LEGE DIE GEWÜNSCHTE FARBE NACH UNTEN UND MARKIERE EINE SENKRECHTE **DIAGONALFALTE**.

2 FALTE DIE UNTERE ECKE NACH OBEN.

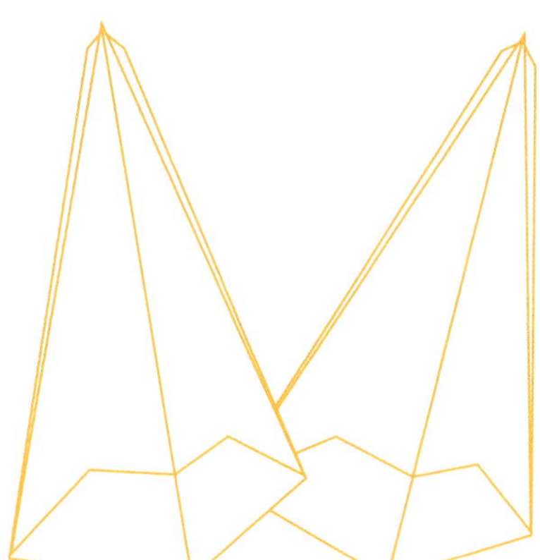

2
1
3

3 FALTE DIE LINKE UND RECHTE SPITZE ZUM SCHEITELPUNKT HOCH.

4 WENDE DAS MODELL UND FALTE DEN LINKEN UND RECHTEN RAND DER RAUTE MIT ZWEI **WINKELHALBIERENDEN** ZUR **MITTELLINIE**.

5 WENDE DAS MODELL NOCH MAL UND SCHIEBE DIE LINKE UND RECHTE LAGE HINTER DER VORIGEN LAGE EIN.

6 KLAPPE DIE SPITZE UNGEFÄHR 1 CM VON OBEN NACH UNTEN.

7 KLAPPE DIESE SPITZE NOCH MAL NACH UNTEN.

8 FALTE DIE ANDERE SEITE IN DER GLEICHEN REIHENFOLGE. KLAPPE DIE SPITZE IN ZWEI SCHRITTEN NACH UNTEN.

9 ÖFFNE DEN SPITZHUT UND FORME IHN AUS.

10 DU ERHÄLTST EINEN KOBOLDHUT. MIT EINEM GRÖSSEREN BLATT KANNST DU AUCH EINEN HUT FÜR EINEN NORMALEN KOPFUMFANG BASTELN!

Kleider machen Leute

Mittel ✱✱✱

8 Minuten

Die Redewendung geht auf eine Erzählung von Gottfried Keller zurück, in der sich ein Schneidergeselle, vornehm gewandet, als Graf ausgibt. Menschen werden oft nach ihrer Kleidung beurteilt. Heute bedeutet der Ausdruck, dass der Schein trügt.

DIE HOSE

MATERIAL

Ein 5 x 10 cm großes Rechteck, einfarbig

1 MARKIERE DIE ZWEI **MITTELFALTLINIEN**.

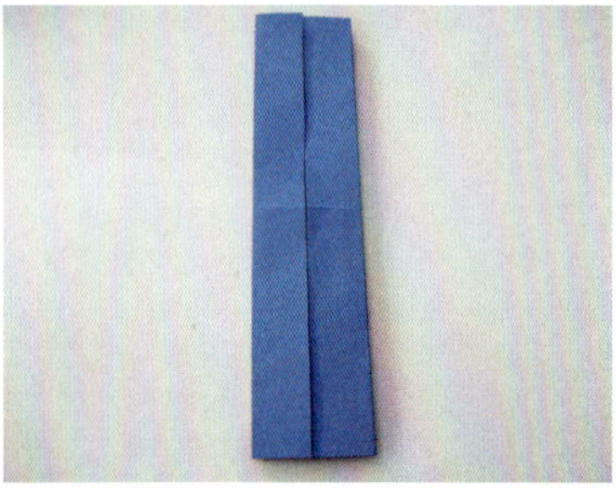

2 SCHLAGE DIE LINKE UND RECHTE SEITE DES RECHTECKS ZUR MITTE EIN.

3 KLAPPE DIE LINKE SEITE DES RECHTECKS NACH RECHTS ALS **MITTELSENKRECHTE** SO UM, DASS EINE **DIAGONALFALTE** ENTSTEHT.

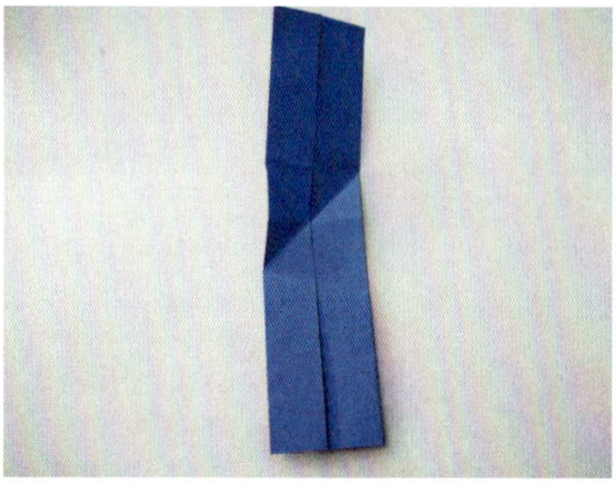

4 ENTFALTE DAS BLATT ZUM RECHTECK UND WIEDERHOLE DIE FALTUNG AUF DER ANDEREN SEITE.

A LA
MODE

5 FALTE DIE RECHTECK-UNTERKANTE NACH OBEN. DRÜCKE IN DER MITTE DIE RÄNDER ENTSPRECHEND DEN VORGEFALTETEN LINIEN NACH INNEN.

6 FALTE VORNE UND HINTEN DEN OBEREN TEIL ÜBER DIE SPITZE NACH UNTEN.

7 SCHIEBE DIE LINKE SEITE UNTER DER RECHTEN LAGE EIN.

8 KLAPPE DEN RECHTEN FLÜGEL NACH LINKS UND WENDE DAS MODELL.

9 SCHIEBE DIE RECHTE SEITE UNTER DER LINKEN LAGE EIN.

10 WENDE DAS MODELL – DIE HOSE IST FERTIG!

Probier das Ganze zum Spaß mal mit einem längeren oder breiteren Rechteck aus, um Hosen in verschiedenen Größen zu erhalten.

DAS HEMD

MATERIAL

Ein 5 x 9 cm großes Rechteck, zweifarbig,
für ein **dazu passendes Hemd**

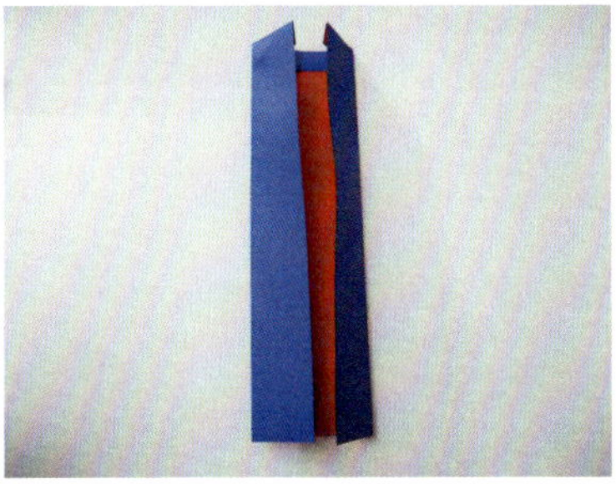

1 LEGE DIE HEMDFARBE NACH UNTEN. FALTE DAS RECHTECK LÄNGS BEIDSEITIG ZUR **MITTELLINIE** NACH INNEN UND ENTFALTE ES WIEDER. SCHLAGE DAS RECHTECK VON OBEN CA. 5 MM BREIT NACH UNTEN UM UND KLAPPE ES AN DEN SEITEN ÜBER DIE FALTEN ZUR MITTE HIN WIEDER ZU.

2 SCHLAGE DIE OBERE RECHTECKKANTE (SIEHE SCHRITT 1) NACH HINTEN EIN, DANN FALTE DEN KRAGEN SCHRÄG ZU BEIDEN SEITEN.

Gestalte das Hemd individuell durch aufgemalte Knöpfe, eine Tasche oder Krawatte.

3 KLAPPE DIE RÄNDER IN DER UNTEREN HÄLFTE DES RECHTECKS IN DER MITTE ETWA 1 MM NACH AUSSEN.

4 FALTE DIESELBEN RÄNDER EIN ZWEITES MAL WEITER NACH AUSSEN, UM DIE HEMDSÄRMEL ZU FORMEN.

5 KLAPPE DIE UNTERE HÄLFTE NACH OBEN UND STECKE DIE KANTE UNTER DEN KRAGEN – DAS HEMD IST FERTIG!

Die Stiefel lecken

Mittel ✱✱✱

5 Minuten

Gegen Ende des 18. Jahrhunderts entstanden, erinnert diese Redensart an das Verhalten von Hunden, die ihrem Herrchen die Stiefel lecken, um eine Belohnung zu erhalten. Unter Menschen bedeutet der Ausdruck, sich bei jemandem mit bestimmten Absichten und Hintergedanken übertrieben höflich einzuschmeicheln.

MATERIAL

Ein 15 x 15 cm großes Quadrat, zweifarbig

1 LEGE DAS QUADRAT MIT DER FARBE FÜR DEN STIEFELSCHAFT NACH UNTEN. FALTE DAS BLATT VON UNTEN NACH OBEN, UM EINE **MITTEL-LINIE** VORZUFALTEN. DANN WENDE DAS BLATT.

2 DREHE DAS BLATT SO, DASS DIE **BERGFALTE** IN DER MITTE LIEGT. SCHLAGE DIE UNTERKANTE DES BLATTES CA. 1,5 CM UM. WIEDER WENDEN.

3 FALTE DIE ZWEI SEITEN DES QUADRATS ZUR **MITTELLINIE**.

4 FALTE DAS ERHALTENE RECHTECK DER LÄNGE NACH ZUSAMMEN.

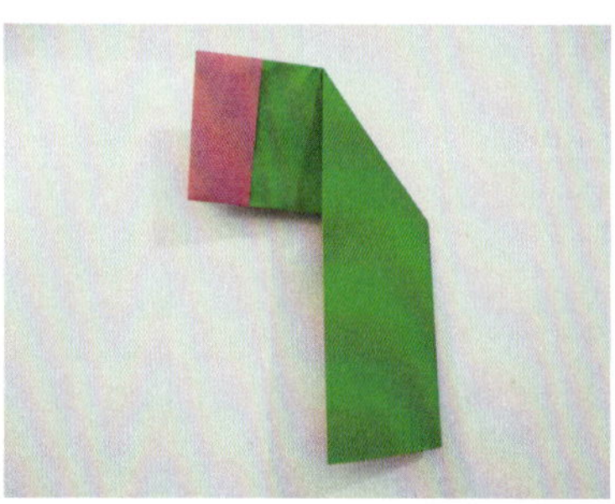

5 PLATZIERE DIE STULPE LINKS (GESCHLOSSENE KANTE NACH OBEN). FALTE DIE RECHTE SEITE SENKRECHT NACH UNTEN, LINKS SOLLEN CA. 2 CM ÜBERSTEHEN. DANN ENTFALTE DEN SCHAFT.

6 ÖFFNE DAS RECHTECK NACH RECHTS UND SCHIEBE DIE **MITTELLINIE** NACH UNTEN, SODASS SIE AM SCHAFT SENKRECHT VERLÄUFT. HILF DIR MIT DEN IN SCHRITT 5 VORGEFALTETEN LINIEN.

7 FALTE DEN UNTEREN TEIL ZU EINEM GROSSEN RECHTECK NACH OBEN.

8 KLAPPE DIE LINKE SEITE DES RECHTECKS AUF DIE RECHTE SEITE UM.

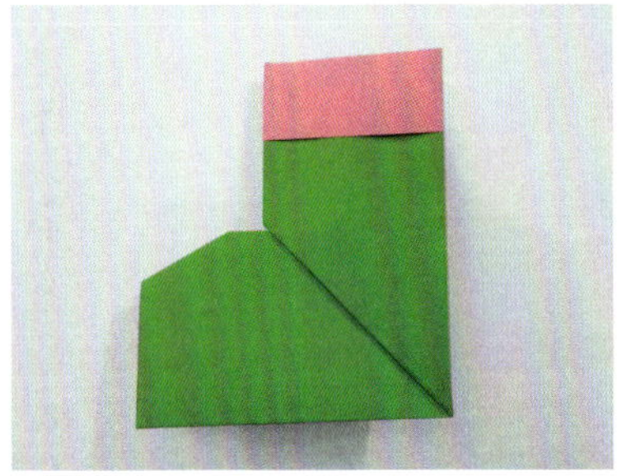

9 DREHE DIE STULPE NACH OBEN. RUNDE DIE OBERE LINKE STIEFELSPITZE DURCH EINE INNENKLAPPE AB.

10 ZUM SCHLUSS DIE UNTERE LINKE ECKE MIT EINER INNENKLAPPE ABRUNDEN.

Bastle ein Stiefel-Paar, um eine Charakterfigur zu kreieren, und verwende zum Spaß ein zweifarbig gemustertes Papier für witzige Modelle, die nicht jeder hat.

Durch die Blume

Einfach

5 Minuten für 1 Blume

Blumen erwecken Zärtlichkeit und Poesie. Um mit Worten nicht zu verletzen, spricht man „durch die Blume“, d. h. in einem freundlichen, behutsamen Ton.

MATERIAL

5 kleine blaue Quadrate und 1 kleines grünes Quadrat, 2 x 2 cm groß

1 MARKIERE JEDES BLAUE QUADRAT FÜR DIE BLÜTENBLÄTTER MIT EINER VERTIKALEN **DIAGONALFALTE**.

2 FALTE DANN DIE ZWEI **WINKELHALBIERENDEN**.

Du kannst Stängel hinzufügen und mit mehreren Blumen einen ganzen Strauß basteln.

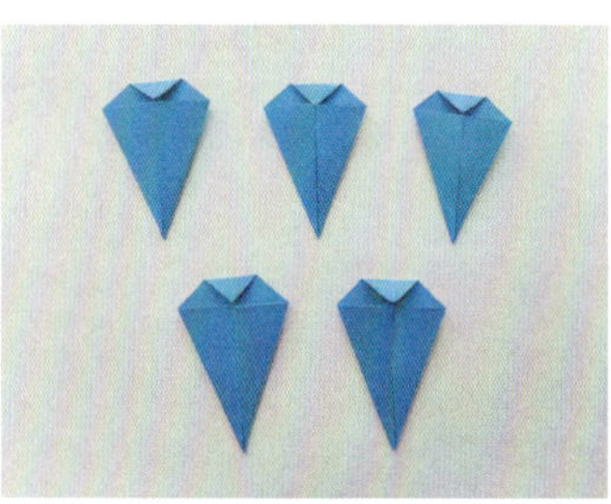

3 SCHLAGE DIE SPITZE VON OBEN NACH UNTEN UM.

4 WENDE DIE BLAUEN BLÜTENBLÄTTER. DANN WIEDERHOLE DIE GLEICHEN SCHRITTE, UM MIT DEM GRÜNEN QUADRAT EIN WEITERES MODELL ZU FERTIGEN.

5 ORDNE DIE BLÄTTER WIE AUF DER ABBILDUNG AN UND KLEBE SIE AUF EINEN HINTERGRUND DEINER WAHL.

Nimm dir ein Herz!

Einfach ✱ ✱ ✱

2 Minuten

Diese Formulierung soll zu Entschlossenheit und Mut anregen. Gemeint ist der an jemanden gerichtete Wunsch, die Dinge mit viel Elan anzupacken.

MATERIAL

Ein 7,5 x 7,5 cm großes Quadrat, ein- oder zweifarbig

1 PLATZIERE DAS BLATT MIT DER GEMUSTERTEN SEITE NACH UNTEN SO, DASS DU EINE RAUTE VOR DIR LIEGEN HAST. MARKIERE ES MIT ZWEI **DIAGONALFALTEN**.

2 FALTE DIE OBERE SPITZE ENTSPRECHEND DER VORGEFALTETEN DIAGONALEN ZUM **SCHNITTPUNKT** DER RAUTENMITTE.

3 FALTE NUN DIE UNTERE SPITZE AUF DIE OBERE KANTE.

4 SCHLAGE DIE LINKE UND RECHTE SEITE ENTLANG DER **MITTELLINIE** EIN, UM DIE HERZSPITZE ZU FORMEN.

5 WENDE DAS HERZ UND RUNDE ES AB, INDEM DU DIE SPITZEN VON DEN SEITEN UND VON OBEN HER UMKLAPPST.

WENDE DAS HERZ ERNEUT – NUN IST ES FERTIG!

Jemandem ein Licht aufstecken

Einfach ✱✱✱

5 Minuten

Kerzen sind in vielerlei Hinsicht ein Symbol der Erleuchtung. Steckt man jemandem ein Licht auf, bringt das buchstäblich Licht ins Dunkel. Eine brennende Kerze half auch schon immer bei der Wunscherfüllung. Na, dann los: Lass gleich mehrere Lichter aufgehen!

MATERIAL

Ein 15 x 15 cm großes Quadrat, zweifarbig

1 NIMM DAS BLATT UND MARKIERE DIE BEIDEN **MITTELFALTLINIEN**.

2 KLAPPE DREI ECKEN (LINKS, OBEN UND UNTEN) ZUM **SCHNITTPUNKT** HIN EIN.

3 FALTE DAS QUADRAT IN ZWEI TEILE, INDEM DU DIE LINKE SEITE NACH RECHTS UMKLAPPST. DIE ANDERSFARBIGE SPITZE STEHT RECHTS ÜBER.

4 WENDE DAS MODELL. DANN FALTE WIE AUF DER ABBILDUNG AN DER OBEREN RECHTEN ECKE UND UNTEN ZWEI **SCHRÄGFALTEN** ZU EINER **SYMMETRISCHEN** FORM.

5 FALTE DAS RECHTECK VON OBEN UND UNTEN HER ZUR MITTE, SODASS NUR NOCH DIE FLAMME RAUSRAGT.

6 STECKE DIE RECHTE KLAPPE IN DIE LINKE, UM DAS GANZE ZU EINEM KERZENSCHAFT ZU VERBINDEN. FORME IHN RUND AUS.

7 FORME DIE FLAMME VON DER GEGENSEITE HER MIT DEM FINGER AUS. EINMAL WENDEN UND LEICHT DRÜCKEN.

Gegen den Wind

Mittel ✱ ✱ ✱

6 Minuten

Winde und Gezeiten können manchmal die Navigation erschweren und ein Schiff vom Kurs abbringen. Dieser Ausdruck symbolisiert den Kampf gegen Hindernisse, die ein Projekt behindern können.

MATERIAL

Ein 15 x 15 cm großes Quadrat, zweifarbig

1 LEGE DAS QUADRAT MIT DER GEWÜNSCHTEN FARBE NACH UNTEN. UNTERTEILE ES DURCH **TALFALTEN** IN DREI GLEICHE TEILE. DANN KLAPPE DAS UNTERE **DRITTEL** NACH OBEN.

2 FALTE DIE ZWEI UNTEREN UND DIE OBERE RECHTE ECKE ZUR NEU ENTSTANDENEN **MITTELLINIE**. DIE OBERE LINKE ECKE WIRD AUF DIE GLEICHE WEISE NACH HINTEN GEFALTET.

3 KLAPPE DEN UNTEREN TEIL KANTE ZU KANTE NACH OBEN.

4 SCHLAGE DIE RECHTE SPITZE NACH LINKS EIN.

5 SCHIEBE DIE LINKE SPITZE IN DIE TASCHE DER RECHTEN SPITZE EIN.

6 DREHE DAS MODELL LEICHT NACH LINKS. DANN FALTE DIE LINKE OBERE LAGE ALS **WINKEL-HALBIERENDE** NACH RECHTS.

7 ZIEHE DIE UNTERE SPITZE VON INNEN HERAUS, UM DEN SCHIFFS-RUMPF ZU FORMEN.

8 FORME DAS SEGEL NACH AUSSEN AUS, UM IHM BEWEGUNG ZU VERLEIHEN.

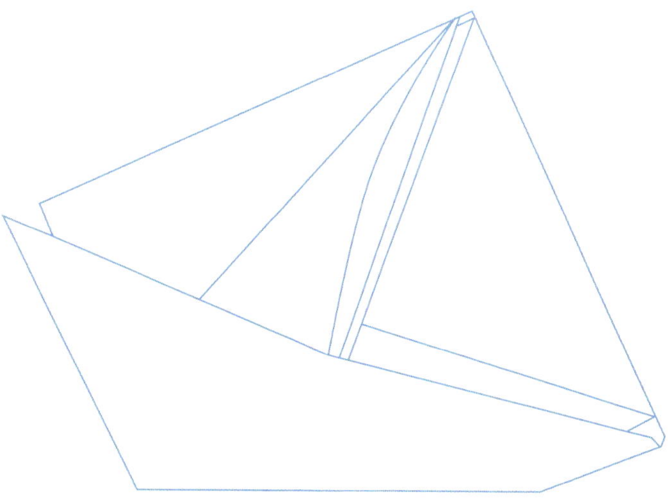

Wie Phönix aus der Asche

Mittel

4 Minuten

Dieses Modell erinnert ein wenig an den mythischen Vogel Phönix, der am Ende seines Lebenszyklus verbrennt und stirbt, um aus seiner Asche wieder neu geboren zu werden. Im weiteren Sinne bezeichnet der Ausdruck einen hochbegabten Menschen, der eine Krise erfolgreich für sich nutzt.

MATERIAL

Ein 15 x 15 cm großes Quadrat, einfarbig

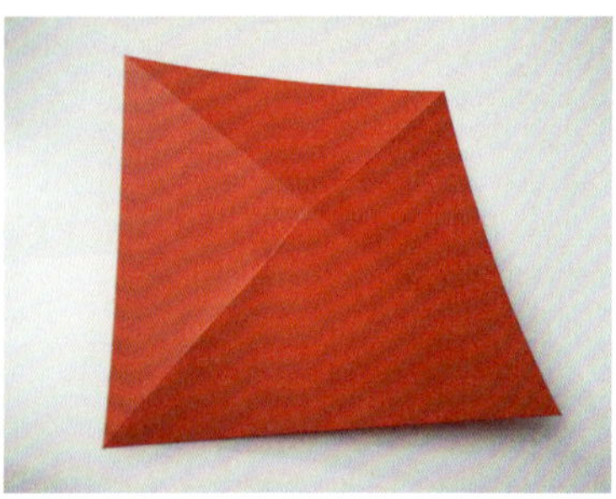

1 MARKIERE DIE ZWEI **DIAGONALEN**. DANN WENDE DAS BLATT.

2 MARKIERE DIE ZWEI **MITTELFALTLINIEN**.

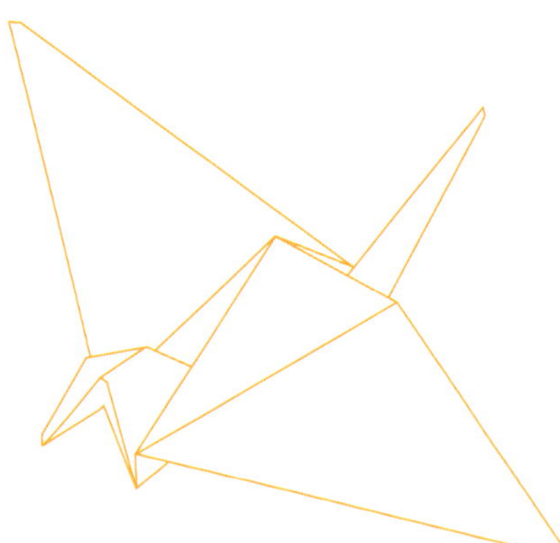

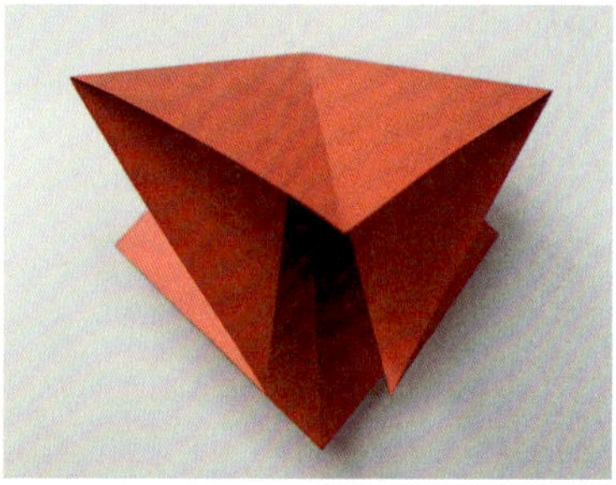

3 FÜHRE DIE DREI OBEREN ZUR UNTEREN ECKE HIN UND DRÜCKE DIE FIGUR PLATT: DURCH DIE SOGENANNTE QUETSCHFALTUNG ERHÄLT MAN EINE DER BEKANNTEN ORIGAMI-GRUNDFORMEN.

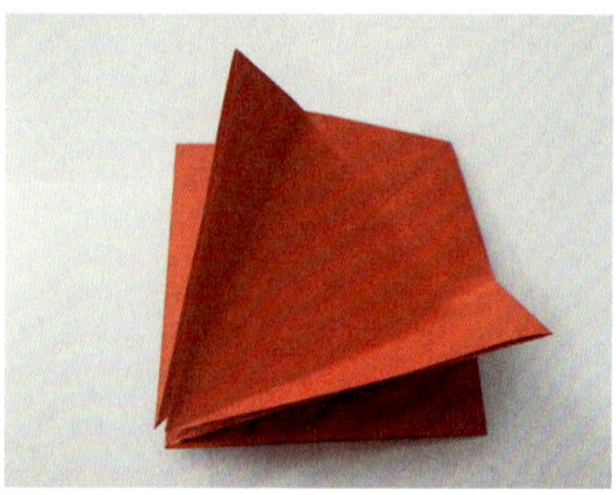

4 DREHE DAS MODELL LEICHT IM UHRZEIGER-SINN. DANN MARKIERE DIE FALTLINIEN ZUR **MITTELLINIE** HIN WIE AUF DER ABBILDUNG.

5 NUN FOLGT EINE BLÜTENBLATTFALTUNG: HEBE DIE SPITZE AN UND KLAPPE SIE NACH OBEN AUF. DANN DRÜCKE DIE SEITEN ENTLANG DER FALTLINIEN AUS SCHRITT 4 NIEDER.

6 WENDE DAS MODELL UND WIEDERHOLE DIE SCHRITTE 4 UND 5. ES HANDELT SICH DABEI UM EINE WEITERE ORIGAMI-GRUNDFALTUNG: DIE VOGELFORM.

7 NUN FOLGEN ZWEI SOGENANNTE UMKEHRFALTEN: SCHIEBE DABEI DIE UNTEREN SPITZEN ZWISCHEN DEN BEIDEN PAPIERLAGEN NACH OBEN UND FALTE DIE KANTE NACH INNEN. DIE ZWEI SPITZEN FÜR DEN HALS UND DEN SCHWANZ SOLLEN GLEICH HOCH SEIN.

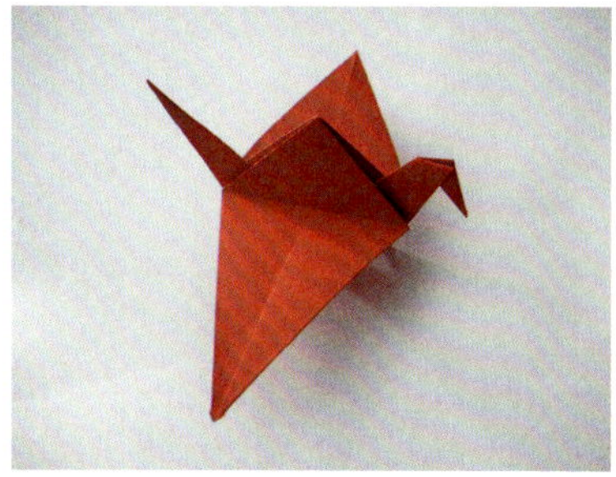

8 MACHE FÜR DEN KOPF EINE INNERE UMKEHRFALTE AN DER RECHTEN SPITZE. DANN RUNDE DIE FLÜGEL AB, INDEM DU SIE LEICHT NACH UNTEN FALTEST.

Halte den Vogel an den zwei unteren Spitzen und spreize sie auseinander: So schlägt Phönix mit den Flügeln!

Schmetterlinge im Bauch!

Mittel ✱✱✱

6 Minuten

Die Metapher aus dem Roman „House of Prayer“ von Florence Converse kam erst Mitte des 20. Jahrhunderts nach Deutschland. Verliebte spüren – oft nur kurz – ein inneres Flattern in der Nabelgegend, wie bei einem Schmetterling, der von einer Blüte zur anderen schwirrt.

MATERIAL

Ein 7,5 x 5 cm großes Rechteck, zweifarbig

1 LEGE DIE FARBE FÜR DEN SCHMETTERLING NACH UNTEN.

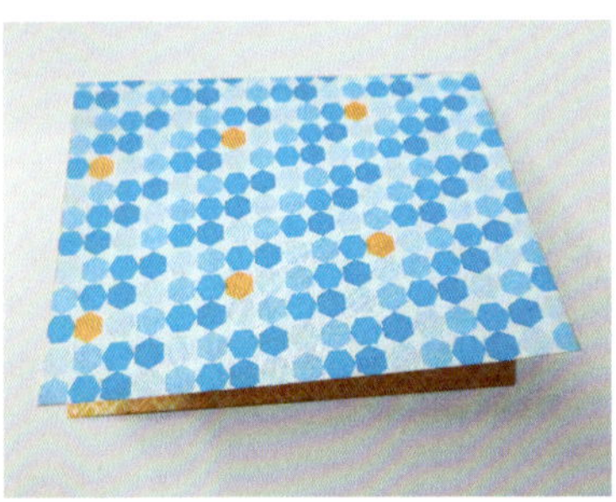

2 FALTE DIE RECHTE SEITE DES BLATTS NACH LINKS. DANN DREHE ES SO, DASS DIE ÖFFNUNG UNTEN IST.

3 KLAPPE DIE RECHTE SEITE NACH LINKS UM.

91
Teru, dit-elle, a
ir un enfant.
enfant dans la maison! »
mariée de leur famille
te; elle retira
onheur, ce chien! »
re », protesta K
sines. »
l'épaule de la
un être humain!»
pète seulement les
Kikuko releva
rapprochement, entre
coup
nexion de Shingo tomba
n. Il
age, qu'elle avait baissé
Elle est venue
vieux père de M. A
me dema
répondit le vieillard.
Il est venu
j'étais confus
La faillite
rop poli,
maître de Teru.
pas? répondit
l'avait contraint à vendre
reste! »
s'établir à Tokyo.
n du
s'occupaient enco
son logement
à Kama

4 NIMM DIE ERSTE LAGE, ÖFFNE SIE UND DRÜCKE SIE ZU EINEM DREIECK PLATT.

5 SCHLAGE DIE ERSTE LAGE NACH RECHTS UM UND MACHE DAS GLEICHE MIT DER FOLGENDEN LAGE.

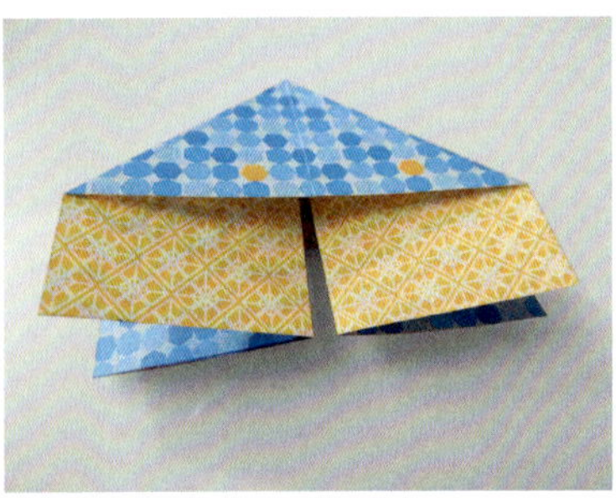

6 FALTE BEIDE SEITEN ZWEILAGIG, INDEM DU DIE UNTERSTE LAGE VON RECHTS NACH LINKS KLAPPST.

7 FALTE DIE LINKE ECKE DER RECHTEN LASCHE UND DIE RECHTE ECKE DER LINKEN LASCHE. LASSE BEIDE AUF DEM OBEREN DREIECK LEICHT ÜBERSTEHEN.

8 SCHLAGE DIE SO VORGEFALTETEN DREIECKE NACH INNEN UM.

9 DREHE DAS MODELL MIT DER SPITZE NACH UNTEN. ZIEHE DIE LASCHEN NACH OBEN AUF, SODASS SICH SEITLICH DIE SCHMETTERLINGSFLÜGEL NACH AUSSEN SCHIEBEN LASSEN.

Wenn du das Modell umdrehst, siehst du eine dreieckige Tasche. In die kannst du eine Buchseitenecke deiner Wahl einstecken.

Sei kein Frosch!

Einfach * * *

8 Minuten

Froschschenkel sind eine Delikatesse der Spitzengastronomie. Für Naturschützer jedoch ist es Tierquälerei. Hier geht Augenweide vor Gaumenfreude: Besser also doch ein „Frosch" (sprich Feigling) sein und das Tier leben lassen!

MATERIAL

Ein 15 x 15 cm großes Quadrat, einfarbig

1 MARKIERE DIE ZWEI **MITTELLINIEN**.

2 WENDE DAS QUADRAT UND MARKIERE DIE ZWEI **DIAGONALFALTEN**.

3 FALTE DAS BLATT AN DEN VORMARKIERUNGEN ZUR MITTE HIN UND DRÜCKE DAS DREIECK IN QUETSCHFALTUNG NACH UNTEN PLATT.

4 KLAPPE DEN LINKEN UND RECHTEN RAND ZUR DREIECKSMITTE EIN.

5 FALTE JEDE SEITE ENTLANG DER **MITTELSENKRECHTEN**.

6 WENDE DAS MODELL UND FÜHRE DIE LINKE UND RECHTE SPITZE ZUR OBEREN SPITZE.

7 SCHLAGE DIESELBEN BEIDEN SPITZEN, WIE AUF DER ABBILDUNG ZU SEHEN, NOCH MAL UM.

8 KLAPPE DIE BEIDEN VORHERIGEN SPITZEN NUN NOCH EIN LETZTES MAL NACH OBEN.

9 KNICKE EINE ZICKZACKFALTE (ERST NACH HINTEN, DANN NACH OBEN) AUF DEN FROSCHKÖRPER.

10 WENDE DAS MODELL – SCHON IST DEIN FROSCH FERTIG!

Die Löffel spitzen

Schwer ✱✱✱

10 Minuten

Man spitzt die Löffel wie ein frecher Hase, wenn man die Ohren gespannt aufstellt.

MATERIAL

Ein 12 x 12 cm großes Quadrat, einfarbig

1 MARKIERE DIE ZWEI **MITTELFALTLINIEN** UND NACH DEM WENDEN DES BLATTS DIE ZWEI **DIAGONALFALTEN**.

2 FALTE DAS BLATT AN DEN VORMARKIERUNGEN ZUR MITTE HIN UND DRÜCKE DAS DREIECK IN QUETSCHFALTUNG NACH UNTEN PLATT.

3 FALTE DIE LINKE UND RECHTE DREIECKSSPITZE ZUM SCHEITELPUNKT HOCH.

4 SCHLAGE DIE LINKE UND RECHTE SEITE DER RAUTE SOWIE DIE ZWEI SPITZEN VON OBEN NACH UNTEN ZUR **MITTELLINIE** EIN.

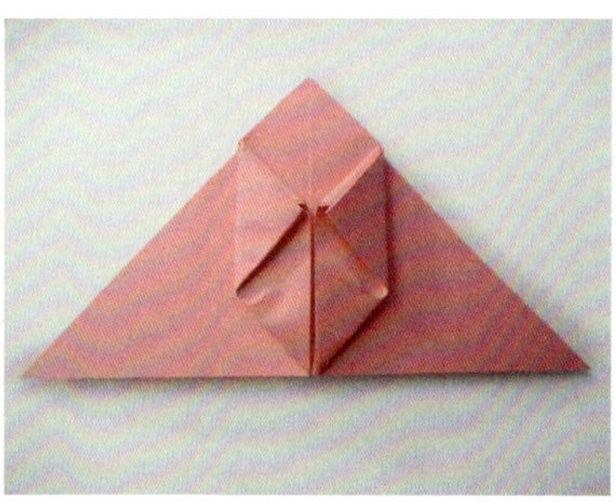

5 STECKE DIE ZULETZT GEFALTETEN OBEREN KLEINEN SPITZEN IN DIE ÖFFNUNGEN DES LINKEN SOWIE RECHTEN DREIECKS.

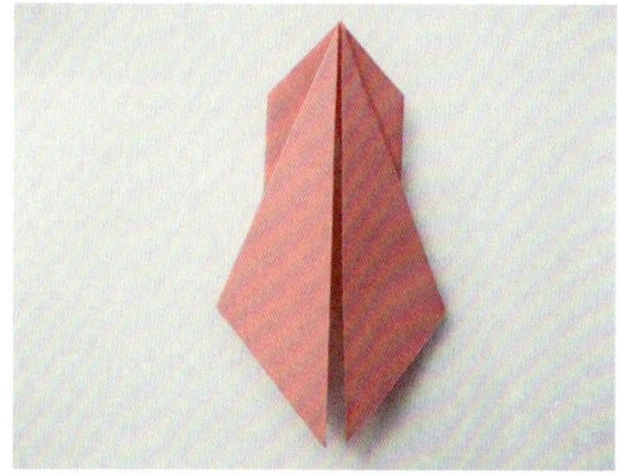

6 WENDE DAS MODELL UND FALTE DIE LINKE UND RECHTE SEITE DES DREIECKS ENTSPRECHEND SEINER **MITTELLINIE** NACH UNTEN.

7 FALTE DIE UNTEREN SPITZEN IM RECHTEN WINKEL ENTLANG EINER **MITTELSENKRECHTEN** ZU DEN SEITEN HIN.

8 KLAPPE DEN LINKEN UND RECHTEN RAND AN DEN DREIECKSSCHRÄGEN ZUR MITTE UM.

9 NIMM DEN HASEN IN BEIDE HÄNDE: DU KANNST EIN KLEINES LOCH AUF DER HÖHE DER SPITZE SEHEN.

10 STECKE DIE FINGER ZWISCHEN DIE VERSCHIEDENEN PAPIERLAGEN UND BLASE DEN KÖRPER ÜBER DAS KLEINE LOCH AUF.

Der aufgeblasene Hase kann, wie unten beschrieben, von zwei Seiten gesehen und gestaltet werden:

SIND DIE OHREN NACH VORNE GENEIGT, SIEHT DIE FORM WIE EIN HASENKOPF AUS. DU KANNST IHM LINKS UND RECHTS AUGEN AUFMALEN UND EINEN KLEINEN SCHNURRBART VERPASSEN, UM IHN INDIVIDUELL ZU GESTALTEN.

ANDERSRUM STELLT DIE FORM DEN HASEN ALS GANZES DAR: DIE OHREN SIND NACH HINTEN GESTELLT, DAS SCHNÄUZCHEN IST VORNE. IN DIESEM FALL KANNST DU AM HINTERTEIL EINEN WATTEBOMMEL ALS SCHWÄNZCHEN ANBRINGEN.

Die Katze im Sack kaufen

Mittel ✱✱✱

6 Minuten

Wer etwas ungeprüft kauft, kann eine böse Überraschung erleben. Früher steckten Händler auf Viehmärkten oft eine wertlose Katze statt des ausgewählten Ferkels oder Hasen in einen Sack, um einen unbedarften Kunden hinterlistig reinzulegen.

MATERIAL

Ein 12 x 12 cm großes Quadrat, einfarbig

1 MARKIERE DIE ZWEI **DIAGONALEN** DES QUADRATS. DANN ENTFALTE DAS BLATT UND KLAPPE DIE OBERE UND UNTERE SPITZE ZUM **SCHNITTPUNKT** UM.

2 FALTE DAS MODELL ZWEITEILIG, SODASS DIE SPITZEN SCHÖN MITTIG BLEIBEN. DAS MODELL IST NACH OBEN HIN OFFEN.

3 DREHE DAS MODELL NACH LINKS. FALTE DIE UNTERE SPITZE NACH LINKS, UM EINE **SCHRÄGFALTE** ZU MARKIEREN UND GLEICH WIEDER ZU ÖFFNEN.

4 FALTE DIE OBERE SPITZE NACH UNTEN. DANN GLEICH WIEDER ÖFFNEN.

5 ÖFFNE DIE ERSTE LAGE ENTLANG DER VORGEFALTETEN LINIEN, WÄHREND DU GLEICHZEITIG DIE OBERE SPITZE NACH UNTEN KLAPPST.

6 WENDE DAS MODELL, SODASS ES MIT DEM KOPF NACH UNTEN LIEGT, UND FALTE DAS KATZENOHR NACH LINKS.

7 FALTE DIE UNTERE SPITZE ENTLANG DER VORGEFALTETEN DIAGONALE.

8 DREHE DAS MODELL MIT DEM KATZENKOPF NACH OBEN UND FALTE DIE OHRENSPITZEN IM RECHTEN WINKEL.

9 FALTE DIE KOPFSPITZE NACH UNTEN.

10 WENDE DAS MODELL UND FORME DEN KATZENSCHWANZ, INDEM DU DIE SPITZE NACH OBEN KLAPPST.

11 RUNDE DIE OHREN AB UND FORME DAS SCHNÄUZCHEN, INDEM DU DIE SPITZE ETWAS BREITER NACH OBEN FALTEST UND DANN DIE OBERE SPITZE NACH UNTEN UMKLAPPST.

Hotel 1000 Sterne

Schwer ✱✱✱

20 Minuten

Über Luxus lässt sich gut streiten. Für Jetsetter muss es mindestens ein Fünfsternehotel sein, für Naturfreunde ist Wildcampen unter dem Sternenhimmel das Allerhöchste. In einer lauen Sommernacht gibt es nichts, was faszinierender wäre!

MATERIAL

20 x 20 cm große, einfarbige Quadrate, zwei unterschiedliche Farben

1 NIMM EINES DER ZWEI QUADRATE UND MARKIERE ZUERST DIE ZWEI **MITTELLINIEN**, DANN DIE ZWEI **DIAGONALFALTEN**.

2 WENDE DAS MODELL, FALTE ALLE ECKEN ZUR MITTE UND ÖFFNE SIE WIEDER.

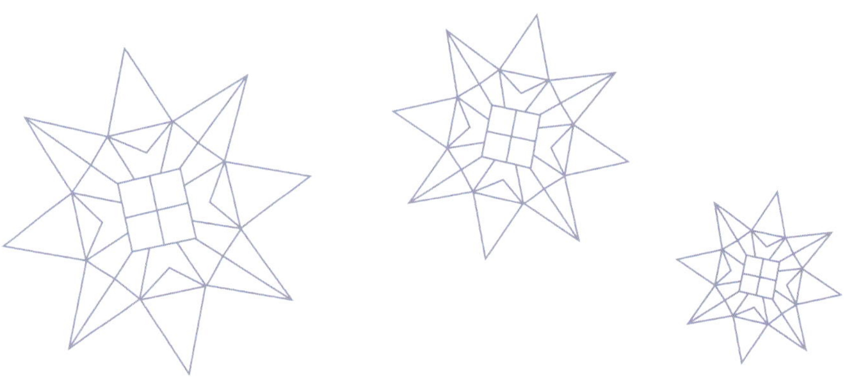

3 WENDE DAS MODELL. SCHLAGE DIE LINKE UND RECHTE SEITE ZUR **MITTELLINIE** UM. ÖFFNE DAS BLATT WIEDER UND MACHE DAS GLEICHE VON OBEN UND UNTEN HER.

4 SCHIEBE DIE LINKE UND RECHTE SEITE ZUR MITTE UND DRÜCKE GLEICHZEITIG AUF DIE OBERE UND UNTERE SEITE. SO ERHÄLT MAN DIE ORIGAMI-GRUNDFALTUNG WINDMÜHLE.

5 DRÜCKE ALLE SPITZEN PLATT, UM VIER KLEINE QUADRATE ZU ERHALTEN.

6 FALTE DIE LINKE UND RECHTE SEITE JEDES KLEINEN QUADRATS VON INNEN AUS ZUR MITTIGEN DIAGONALE. DANN SCHLAGE DIE VIER ECKEN DES GROSSEN QUADRATS NACH HINTEN UM.

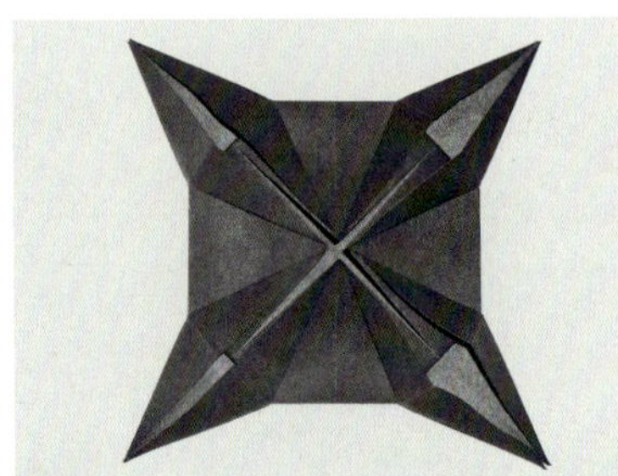

7 ENTFALTE DIE VORGE-FALTETEN SEITEN JEDES KLEINEN QUADRATS. DANN MACHE EINE BLÜTENBLATT-FALTUNG, INDEM DU JEDE DER MITTIGEN SPITZEN ANHEBST UND NACH AUSSEN KLAPPST.

8 SCHON IST DER ERSTE STERN FERTIG! FALTE EINEN WEITEREN STERN MIT DEM ANDERSFARBIGEN BLATT NACH DER GLEICHEN SCHRITTABFOLGE.

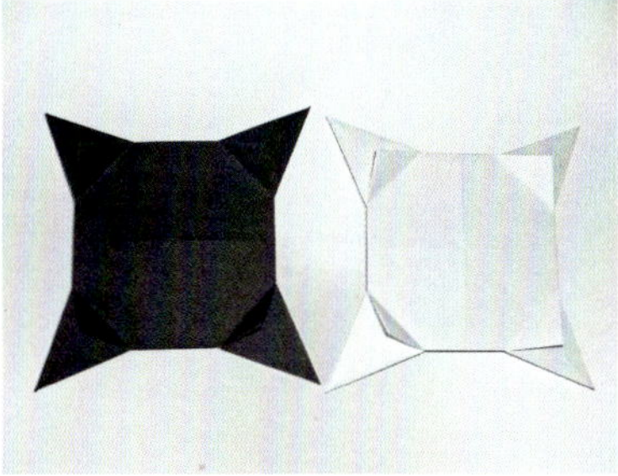

9 WENDE DIE BEIDEN STERNE UND KLAPPE DIE VIER KLEINEN SPITZEN DER ZWEI STERNE HOCH.

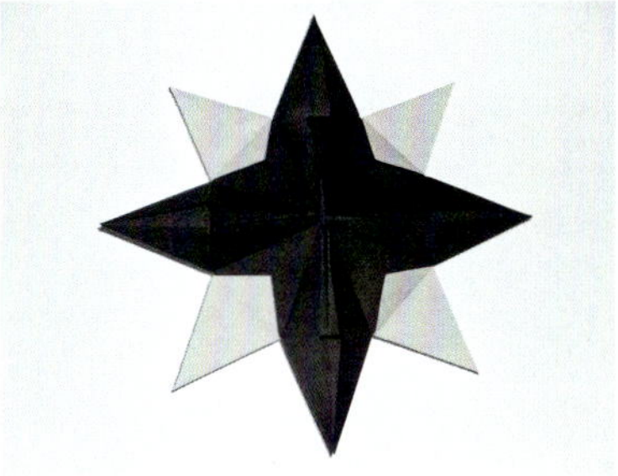

10 LEGE DIE STERNE MIT DEM RÜCKEN AUFEINANDER. SCHLIESSE ZUERST DIE VIER OBEREN FLÜGEL WIEDER UND DANN DIE VIER UNTEREN, SODASS DIE STERNE MITEINANDER VERBUNDEN SIND.

Indem du die mittigen Spitzen nach innen faltest, kannst du einen kleinen Rahmen für ein Foto deiner Wahl anlegen, und zwar auf beiden Seiten!

Dem Esel die Karotte hinhalten

Einfach

3 Minuten

Wer dem sprichwörtlichen Esel eine Karotte vor die Nase hält, führt meist Böses im Schilde. Die Karotte ist ein Anreiz für einen Menschen oder eine Gruppe, etwas zu tun, was eher dem Anführer als der Gefolgschaft dient. Im Unternehmensmanagement oder bei Wahlversprechen spricht man deshalb auch vom „Karottenprinzip“.

MATERIAL

Zwei 12 x 12 cm große Quadrate, orangefarben und grün

1 POSITIONIERE DAS ORANGEFARBENE QUADRAT ALS RAUTE VOR DIR.

2 FALTE DIE UNTERE SPITZE WIE AUF DER ABBILDUNG. DANN ÖFFNE DAS BLATT GLEICH WIEDER.

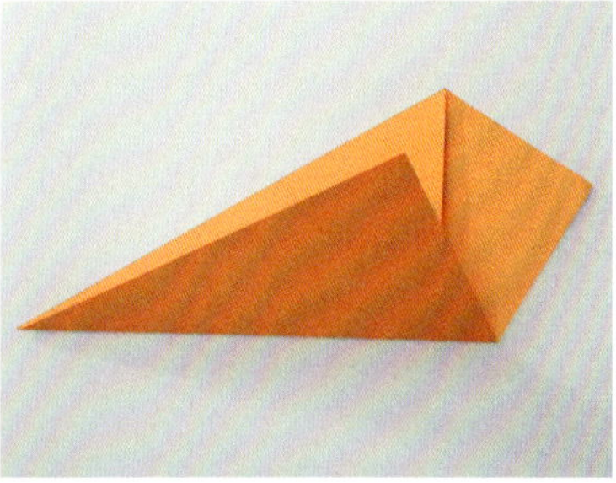

3 FALTE DIE OBERE SPITZE NACH DER VORGEFALTETEN LINIE NACH UNTEN. DANN FALTE DIE UNTERE SPITZE ENTLANG DER MARKIERTEN LINIE DARÜBER.

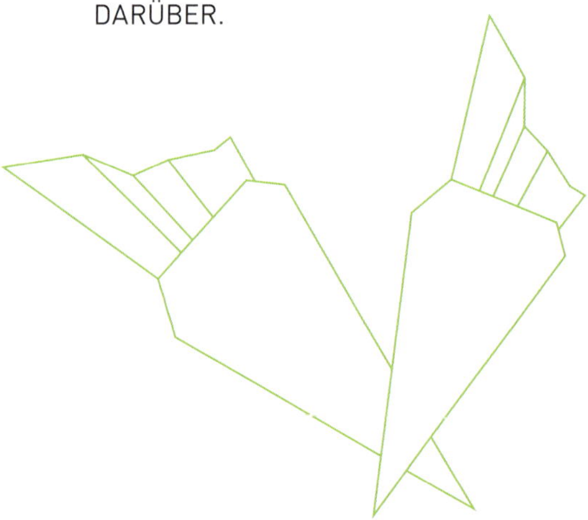

5 SCHIEBE DIE LINKE UND RECHTE ECKE ALS DREIECKSFALTE NACH INNEN.

4 FALTE DIE RECHTE SPITZE NACH INNEN EIN, INDEM DU SIE UNTER DIE ZWEI VORGEFALTETEN DREIECKE SCHIEBST.

6 WENDE DIE KAROTTE – SCHON IST SIE FERTIG! DU KANNST SIE JETZT ZUR SEITE LEGEN.

7 POSITIONIERE NUN DAS GRÜNE QUADRAT VOR DIR ALS RAUTE UND FALTE DIE UNTERE SPITZE NACH OBEN ZU EINEM DREIECK.

8 FALTE DIE UNTERE KANTE WIE AUF DER ABBILDUNG CA. 1 CM SCHRÄG NACH OBEN.

9 WENDE DAS BLATT UND FALTE NUN DIE OBERE KANTE AUF DIE GLEICHE ART NOCH MAL NACH UNTEN.

10 WENDE DAS BLATT ERNEUT UND WIEDERHOLE DIE FALTUNG EIN WEITERES MAL. DIESE EINFACHSTE RÄUMLICHE STRUKTUR NENNT SICH AKKORDEONFALTUNG.

11 SCHIEBE DAS GRÜN MIT DER SPITZE IN DIE KAROTTE UND BRINGE ES DURCH LEICHTES AUSEINANDERZIEHEN IN FORM.

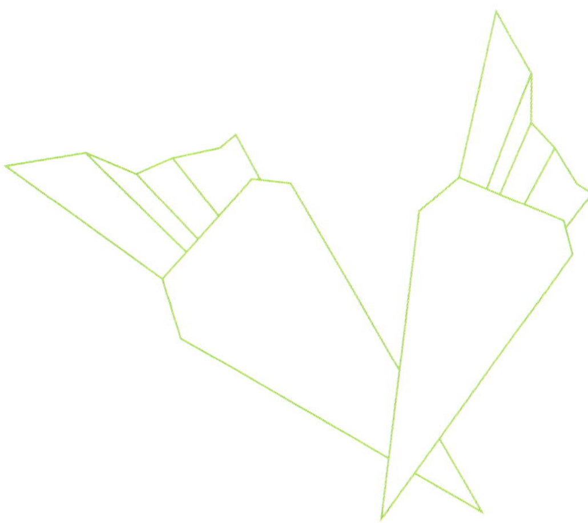

Der Apfel fällt nicht weit vom Stamm

Mittel ✱ ✱ ✱

5 Minuten

Die Redewendung besagt, dass Kinder oft die gleichen Neigungen und Interessen wie ihre Eltern haben. Die Familiengene spielen dabei eine zentrale Rolle.

MATERIAL

Ein 12 x 12 cm großes Quadrat, einfarbig

1 FALTE DAS QUADRAT AN DER **MITTELFALTLINIE** ZWEITEILIG. DANN FALTE ES EIN WEITERES MAL UND ÖFFNE ES WIEDER ZU EINEM RECHTECK.

2 FALTE DIE OBERE UND UNTERE KANTE DES RECHTECKS ZUR VORGEFALTETEN LINIE.

3 WENDE DAS MODELL. FALTE ES ZUR **MITTELLINIE**, WÄHREND DU DIE VORGEFALTETEN SEITEN KNICKST UND ÜBERSTEHEN LÄSST.

Du kannst aus einem andersfarbigen Blatt einen Stängel ausschneiden und hinten ankleben.

4 WENDE DAS MODELL. KLAPPE DEN MITTLEREN OBEREN UND UNTEREN TEIL CA. 1 CM NACH INNEN UM. BRINGE DIE DREIECKIGEN TÄSCHCHEN MITTIG IN FORM.

5 RUNDE DIE UNTEREN UND OBEREN ECKEN DURCH ZWEI HINTEREINANDER GEFALTETE **SCHRÄGFALTEN** AB. WENDE DAS MODELL – DEIN APFEL IST FERTIG!

Erdbeerzauber

Schwer ✱✱✱

15 Minuten

Die Erdbeere galt schon bei den alten Griechen als Heilmittel, wurde in der römischen Antike als Liebesfrucht gehuldigt und spielt in vielen Mythen und Märchen eine zentrale Rolle. So verführerisch, wie sie aussieht, kann man ihr auch kaum widerstehen. Sie ist gesund und schmeckt einfach göttlich!

MATERIAL

Ein 12 x 12 cm großes Quadrat, rot-grün gemustert und zweifarbig

1 DIE GRÜNE FARBE LIEGT UNTEN. MARKIERE BEIDE **DIAGONALFALTEN**, DANN WENDE DAS BLATT UND MARKIERE BEIDE **MITTELLINIEN**.

2 FÜHRE DIE DREI OBEREN SPITZEN NACH UNTEN, DANN QUETSCHE SIE VON DEN SEITEN NACH INNEN ZU EINEM EINGESCHOBENEN DREIECK.

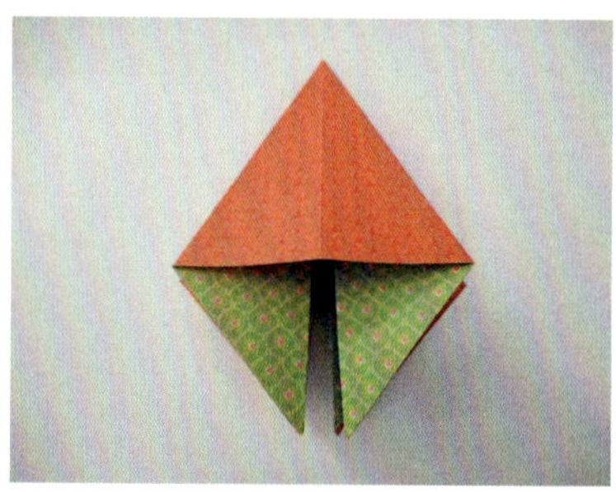

3 SEPARIERE EIN DREIECK UND DRÜCKE ES AUF DER MITTELKANTE NACH UNTEN ZU EINEM DREIECK PLATT.

4 SEPARIERE DIE DREI ANDEREN DREIECKE, INDEM DU DIE VORGEFALTETEN SEITEN IMMER NACH LINKS AUFKLAPPST. WIEDERHOLE BEI JEDEM DREIECK SCHRITT 3.

5 DREHE DAS MODELL MIT DER GESCHLOSSENEN SPITZE NACH UNTEN UND SCHLAGE EINE DER SEITEN NACH LINKS ZU EINER ROTEN VORDERFLÄCHE AUF.

6 KLAPPE DEN OBEREN LINKEN UND RECHTEN RAND DER OBEREN LAGE ZUR **MITTELLINIE** HIN EIN.

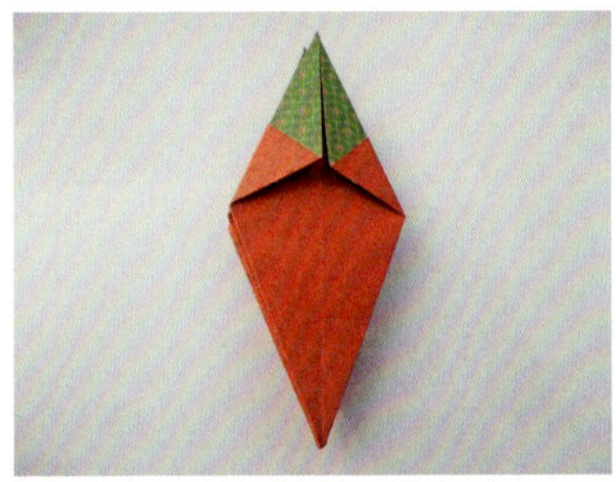

7 KLAPPE DIE SEITEN IN LINKSRICHTUNG BIS ZUR NÄCHSTEN ROTEN VORDERFLÄCHE UM UND WIEDERHOLE DIE ABFOLGE VON SCHRITT 6. WIEDERHOLE DIESEN ABLAUF AUCH FÜR DIE ZWEI WEITEREN ROTEN VORDERFLÄCHEN.

8 KLAPPE DIE OBERE GRÜNE SPITZE NACH UNTEN UM, SCHLAGE JEDE SEITE WIE IN SCHRITT 4 IN LINKSRICHTUNG AUF UND WIEDERHOLE DIESEN VORGANG MIT DEN RESTLICHEN DREI GRÜNEN SPITZEN.

9 KLAPPE EINE ROTE VORDERFLÄCHE AUF UND FALTE DIE OBEREN LINKEN UND RECHTEN ECKEN ZUR **MITTELLINIE**. WIEDERHOLE DEN VORGANG FÜR ALLE ROTEN VORDERFLÄCHEN.

10 NIMM DIE GANZE ERD-BEERE ZWISCHEN DIE FINGER UND ZIEHE RINGSUM DIE KLEINEN BLÄTTER HERAUS.

11 IN DER MITTE DER GRÜNEN BLÄTTER KANNST DU EIN KLEINES LOCH SEHEN. BLASE DAS INNERE WIE EINEN LUFTBALLON AUF.

12 DAS GANZE NIMMT NUN FORM AN – DEINE ERDBEERE IST FERTIG!

Schwierigkeitsgrad

*

**

***

Zeitaufwand

2–4 MINUTEN

5–7 MINUTEN

8–20 MINUTEN

IMPRESSUM

Verantwortlich: Claudia Hohdorf
Übersetzung aus dem Französischen:
Karin Weidlich
Lektorat: Helga Peterz
Korrektorat: Anke Höhne
Layout: ISM Satz- und Reprostudio GmbH
Umschlaggestaltung: Leeloo Molnar
Repro: Cromika
Herstellung: Stephanie Schlemmer
Printed in Slovakia by Neografia

Titel der französischen Originalausgabe „PETITES CRÉA faciles"
© 2018, L'Inédite, une marque des éditions Leduc.s, 29, boulevard Raspail, 75007 Paris – France

Redaktion: Céline de Quéral
Modelle: Franéois Giraudet
Illustrationen: Natacha Seret
Fotos: Julien Clapot

★★★★★

Sind Sie mit diesem Titel zufrieden? Dann würden wir uns über Ihre Weiterempfehlung freuen. Erzählen Sie es im Freundeskreis, berichten Sie Ihrem Buchhändler oder bewerten Sie beim Onlinekauf. Und wenn Sie Kritik, Korrekturen, Aktualisierungen haben, freuen wir uns über Ihre Nachricht an:
Christian Verlag, Postfach 40 02 09,
D-80702 München oder per E-Mail an
lektorat@verlagshaus.de.

Unser komplettes Programm finden Sie unter

www.christophorus-verlag.de

Die Deutsche Nationalbibliothek verzeichnet diese Publikation in der Deutschen Nationalbibliografie; detaillierte bibliografische Daten sind im Internet über http://dnb.d-nb.de abrufbar.

ISBN 978-3-8388-3770-3

Kreativ-Service

Sie haben Fragen zu den Büchern und Materialien? Frau Erika Noll ist für Sie da und berät Sie rund um alle Kreativthemen. Rufen Sie an! Wir interessieren uns auch für Ihre eigenen Ideen und Anregungen. Sie erreichen Frau Noll per E-Mail: **mail@kreativ-service.info** oder Tel.: **+49 (0) 5052/911858**

Besuchen Sie uns im Internet: www.christophorus-verlag.de